AF563161

RÉFLEXIONS
DE M. DE TURGOT,
SUR LES COLONIES EN 1776,

ADRESSÉES

A LA CHAMBRE DES DÉPUTÉS

EN 1817.

PRIX : 1 Fr.

A PARIS,

CHEZ LES MARCHANDS DE NOUVEAUTÉS

DU PALAIS-ROYAL.

RÉFLEXIONS DE M. DE TURGOT, SUR LES COLONIES EN 1776, ADRESSÉES A LA CHAMBRE DES DÉPUTÉS DE 1817.

On calcule le produit de nos Colonies à sucre par centaine de millions, et l'on a raison, si l'on compte la somme totale de leurs productions évaluées en argent. Mais cette valeur appartient en entier aux Colons et non pas à la France, et c'est le profit réel de la France qu'il faut connaître. Il n'y a que trois manières de calculer le profit que fait une nation avec ses Colonies.

D'abord par rapport au commerce de la nation en général. La production et la consommation sont les deux termes de tous les échanges du commerce. Le producteur vend, le consommateur achète. Dans le commerce de la France avec les Colonies, elle achète de celles-ci le sucre et le café, le coton, l'indigo dont elle a besoin; elle vend à ses Colonies les farines, les vins, les étoffes, les ouvrages manufacturés qu'elle produit ou qu'elle façonne. L'intérêt de la nation dans ce commerce, est, d'un côté de vendre le plus avantageusement possible les productions de son sol et les ouvrages de son industrie; de l'autre, d'acheter au meilleur marché qu'il est possible les objets de ses jouissances : je dis au meilleur marché possible, car quant à l'agrément d'avoir en abondance les différentes denrées que produisent les îles de l'Amérique, il est notoire que ces denrées sont tout aussi communes dans les états qui ne possèdent point de Colonies que dans les autres. Pour juger donc précisément de l'avantage qu'a la France à posséder des Colonies *dont elle s'est réservé le commerce exclusif*, il faut savoir si la denrée du cru, les blés, le vin, les étoffes, etc., s'y vendent à plus haut prix; si les cafés, les sucres, les indigos, les cotons s'y achètent à meilleur marché que dans les pays de l'Europe qui ne possèdent point de Colonies, tels que les Pays-Bas ou la Suisse, etc. Comme cette différence n'existe pas dans le fait, comme le cultivateur et le manufacturier Flamand ou Suisse, vend tout aussi bien ses denrées : comme il se procure les denrées de l'Amérique à un taux aussi avantageux, on peut en conclure que les producteurs et les consommateurs étrangers profitent des Colonies autant que ceux de la nation qui croit les posséder exclusivement.

La politique moderne a souvent envisagé le commerce des nations sous un autre point de vue; elle s'est beaucoup occupée des profits de la classe particulière des citoyens, qui font ce qu'on appelle *le commerce*, c'est-à-dire qui s'entremettent entre les producteurs et les consommateurs, pour acheter des uns ce qu'ils revendent aux autres, avec un profit qui représente le salaire de leurs peines, les frais de garde et de transport, et l'intérêt des avances qu'ils font pour acheter aujourd'hui ce qu'ils revendront dans un tems éloigné et incertain. Dans cette classe de commerçans on a surtout distingué ceux qui commercent par mer avec les étrangers, parce que leurs gains paraissant faits aux dépens des étrangers, ont paru être en entier un profit pour la nation.

Les armemens pour les Colonies et la vente des retours qu'on rapporte aux étrangers est une des parties les plus actives et les plus brillantes du commerce de nos ports et une des sources de la fortune de nos commerçans.

Pour évaluer ce qui en reveint à la nation, il faut considérer qu'une partie du retour des îles se consomme dans la nation, qu'une autre partie est vendue aux nations étrangères.

Les nations étrangères viennent ordinairement acheter ces denrées dans nos ports; ainsi, nos armateurs ne gagnent rien sur les frais de transport dans les différentes parties de l'Europe, et ce que nous gagnons sur les nations étrangères se réduit d'abord au remboursement de la valeur que nous avons payée aux Colons de leurs denrées; en second lieu, au paiement des frais du transport de cette denrée des îles dans nos ports, de la solde et de l'entretien des matelots, du salaire des ouvriers constructeurs, des intérêts et profits que l'armateur retire des capitaux qu'il emploie dans ses armemens.

Quant à la partie des marchandises américaines, consommée dans la nation, c'est de la nation même que le négociant reçoit tout ce qu'il gagne sur les frais de transport et sur l'emploi de ses capitaux. Ainsi, il n'en résulte pour la nation aucun accroissement de richesses.

Il est vrai que, si la nation n'avait point de Colonies, ou si le commerce de ces Colonies était ouvert à tous les étrangers, ces étrangers auraient pu gagner une partie des frais de transport que la nation paie aujourd'hui à ses négocians, et que ce qu'elle eût payé est une richesse qu'elle épargne, si elle ne la gagne pas.

Mais, si les marchands nationaux font, en vertu de leur privilège exclusif, payer ce service plus cher qu'elle ne l'eût payé aux étrangers, il faut retrancher de l'épargne de la nation ce gain excessif de ces négocians, puisqu'il n'eût pas été payé aux étrangers.

Il faut retrancher également ce qui eût été gagné par les nationaux, qui, en se faisant payer moins cher qu'ils ne le font aujourd'hui, auraient pu cependant faire avec avantage le commerce de nos Colonies en concurrence avec les étrangers.

Le salaire du commerce national ne peut donc consister 1°, que dans le prix de transport, depuis les îles jusqu'à nos ports, des marchandises d'Amérique que les étrangers viennent acheter de nous; 2°, que dans l'épargne de ce que la nation eût payé aux armateurs étrangers pour le transport des marchandises de nos Colonies qu'elle consomme, si les armateurs étrangers avaient pu faire librement ce commerce en concurrence avec nos négocians.

Mais il ne faut pas croire que ces deux objets réunis soient en pur gain; il faut en déduire tout ce qui en revient aux étrangers pour le prix des assurances et l'intérêt des capitaux qu'une partie des armateurs Français sont obligés d'emprunter d'eux. . . . .

Il résulte de ces détails, que l'avantage de la nation dans le commerce exclusif des Colonies se réduit à une partie du profit que font les négocians de nos ports sur les frais de transport des marchandises des îles en France; que ce gain de nos négocians est un objet très-modique, et qu'on se tromperait beaucoup en estimant les avantages de ce commerce par la valeur des productions et des exportations de nos îles.

Il reste un troisième calcul à faire ;, c'est celui des avantages que retire de la possession de nos Colonies, la France considérée comme état politique. Il reste à examiner et à évaluer les moyens de puissance qui peuvent en résulter pour elle.

Ces moyens de puissance sont de deux espèces, la force militaire et l'argent.

Lorsqu'une puissance ennemie a des possessions éloignées, où l'on peut avoir intérêt soit de l'attaquer, soit de la menacer, pour tenir en échec une partie de ses forces, il peut être avantageux d'avoir soi-même des possessions dans le voisinage des siennes, où l'on eût, comme en réserve, des forces qui, sans être à charge à la métropole, se trouvent prêtes au besoin, et dispensent d'en faire passer de l'Europe avec des frais immenses.

Tel aurait dû être pour nous le fruit de la possession du Canada ; et quoique notre Gouvernement n'en ait pas tiré autant d'avantage qu'il l'aurait pu, tant qu'il est resté en notre possession, il avait occupé pendant les dernières guerres toutes les forces que la Grande-Bretagne et ses Colonies ont, après la prise, employées sans obstacles à prendre nos îles du Vent et la Havane.

Tel serait pour nous, en cas de guerre, dans l'Inde, l'avantage de posséder les îles de France et de Bourbon, si ces deux Colonies avaient acquis le dégré de force et de consistance dont je les crois susceptibles.

Tel a été surtout l'avantage inappréciable des Colonies de l'Amérique septentrionale pour l'Angleterre, *tant qu'elles lui resteront unies* ; il est superflu de s'étendre sur une chose aussi connue.

On sait assez que nos Colonies à sucre sont bien loin d'être pour nous un moyen d'attaque. Nous aurions, au contraire, beaucoup de peine à les défendre contre les invasions de la puissance anglaise.

Quant aux ressources de finances, il est notoire que l'imposition qu'on lève dans nos Colonies, ne suffit pas, à beaucoup près, aux dépenses de sûreté et d'administration qu'elles entraînent.

Restent les droits que le Souverain met sur la consommation des denrées des Colonies dans la métropole ; mais ces droits payés par le consommateur national sur les sucres, sur les cafés, etc., pourraient l'être également si ces denrées nous étaient apportées par des étrangers, soit de nos propres Colonies, soit des leurs.

Le revenu que le Gouvernement tire des Colonies est donc une ressource nulle pour l'état considéré comme puissance politique, et si l'on compte ce qu'il en coûte chaque année pour la défense et l'administration de nos Colonies, « même pendant la paix, si l'on y ajoute l'énor» mité des dépenses qu'elles ont occasionnées » pendant nos guerres, quelquefois sans pou» voir les conserver, et les sacrifices qu'il a fallu » faire à la paix, pour n'en recouvrer qu'une » partie, on sera bien tenté de douter s'il » n'eût pas été plus avantageux pour nous de » les abandonner à leurs propres forces avec » une entière indépendance, même sans at» tendre le moment où les événemens nous » forceraient à prendre ce parti, comme je l'ai » insinué plus haut. »

Il n'y a pas bien long-tems que cette manière de voir eût été traitée comme un paradoxe insoutenable, et fait pour être rejeté avec indignation. . . . . On pourra en être moins révolté *maintenant*, et peut-être n'est-il pas sans utilité de se préparer d'avance des consolations pour des événemens auxquels on peut s'attendre.

Sage et heureuse la nation qui la première *saura plier la politique aux circonstances nouvelles*, qui consentira à ne voir dans ses Colonies que des provinces alliées et non pas sujettes à la métropole !

Sage et heureuse sera la nation qui la première sera convaincue que toute la politique en fait de commerce, consiste à employer toutes ses terres de la manière la plus avantageuse pour les propriétaires des terres ; tous ses bras de la manière la plus utile à l'individu qui travaille, c'est-à-dire de la manière dont chacun, guidé par son intérêt, les emploiera, si on le laisse faire ; que tout le reste n'est qu'illusion et vanité. . . . .

Ce que le génie prophétique d'un ministre citoyen lui inspirait en faveur de son pays, ce qu'il conseillait comme une mesure sage et avantageuse dans des tems plus prospères, pourrions-nous hésiter de l'exécuter aujourd'hui, quand il faut réparer tant d'infortunes et de si grands désastres...?

Alors, nous possédions de riches et nombreuses Colonies en Amérique et dans l'Inde, elles étaient florissantes ; nous n'avons plus maintenant que quelques ruines dans lesquelles nous allons ensevelir aveuglément les restes de notre substance. Encore, si nous pouvions nous flatter de recueillir le fruit de ces sacrifices? Mais cet espoir ne nous est pas permis!

La grande Bretagne n'a trompé l'Europe, dont elle a acheté le sang, que pour arriver au but qu'elle vient enfin d'atteindre, et sa domination souveraine et exclusive est établie sur toutes les mers; peut-on croire qu'elle ne s'en serve pas? De cette domination si longtems ambitionnée, poursuivie avec tant de persévérance, et acquise au prix de tant de sacrifices, de son existence même souvent compromise. Il faudrait se faire volontairement illusion, perdre de vue sa conduite constante, et l'intérêt qu'elle a à nous tenir dans l'impuissance.

Nous ne pouvons conserver nos Colonies que sous le bon plaisir de l'Angleterre; si elle doit toujours rester la maîtresse de leur sort, et en retirer les bénéfices sans frais, si cet état déplorable ne peut plus changer, pourquoi continuerions-nous les dépenses de leur entretien? Nous ne devons plus tenir à nos Colonies que par les liens de la fraternité, quand notre couteuse et inutile protection ne nous conserve plus l'exclusif.

Mais que nos espérances se portent dans l'avenir, et semons dans la douleur pour recueillir dans la joie. L'Europe et l'Amérique ouvriront enfin les yeux.... Le pacte de famille subsiste....

La Hollande instruite par le malheur peut encore devenir l'arbitre des souverains, et produire des Tromp, des Ruyter et des Zoutman.

Le Nord, la Russie peut en deux campagnes, s'ouvrir un passage, acquérir un grand port, et montrer sur nos mers des flottes dont ses vastes contrées fournissent si abondamment les moyens de constructions d'agrès et d'équipages.

L'Amérique septentrionale, aussi brave sur l'Océan que dans ses plaines, quand elle défend sa liberté, s'armera contre le tyran des mers.

L'Autriche, maîtresse actuelle ou future de toute l'Italie, ne laissera pas inutiles ses ports et ses excellens matelots....

L'univers trop tard désabusé, s'unirait en vain de l'un à l'autre pôle contre la grande Bretagne, arrivée au degré de puissance où lui-même l'a fait monter : ses flottes et ses menaces ne feraient qu'un vain bruit.

Quant à la France et l'Espagne, ils sont passés ces tems où elles balançaient les destinées de l'Angleterre; sa politique sanglante et astucieuse, l'ambition coupable de celui qu'elle tient dans ses fers et qu'elle ne conserve que pour en menacer le monde, ont rompu cette barrière, ont renversé ces digues qui s'opposaient au torrent dévastateur de son insatiable avarice. Il faudrait s'abuser étrangement pour penser que ce nouvel ordre de choses puisse changer, même dans un long avenir. On peut s'en rapporter à son active surveillance à cet égard; ce qu'elle a su faire est un garant de ce qu'elle fera, et ce n'est pas dans ce genre que l'Angleterre fait des fautes.

L'Espagne n'est-elle pas sur la même ligne que la France pour ses immenses possessions déchirées par les guerres civiles, que l'Angleterre allume, entretient, dirige et modifie sans risques et sans pitié au gré de sa politique. La différence n'est que dans la grandeur du sacrifice et dans l'absence des moyens de trouver des compensations chez elle; tout y reste encore à faire; dans l'agriculture, dans les arts, dans l'administration, rien n'est changé, « que » les capes croisées et les chapeaux rabattus. » La révolution qui a ramené Ferdinand VII, a reconstitué l'antique barbarie; elle s'est empressée d'expulser tout ce qu'il y avait d'hommes utiles et éclairés qui auraient pu lui faire faire un pas pour l'avancer au niveau des peuples civilisés.

Il faut que l'Espagne accorde à l'Angleterre tout ce qu'elle lui demandera, ou elle n'a plus de Colonies, et si elle lui fait ces concessions, elle n'a plus d'intérêt à les conserver: en partageant l'exclusif avec l'Angleterre, elle n'a rien à porter à ses Colonies des produits de son sol, encore moins de son industrie; cette dernière l'écrasera du poids de ses capitaux, du produit de ses manufactures et de celles de l'Inde, enfin, des ressources immenses de son génie aussi éminemment personnel que commerçant.

Que l'Espagne entende donc ces tristes vérités; qu'elle fasse cesser le carnage dans l'autre émisphère, qu'elle consente à son affranchissement, et quand elle ne peut plus avoir de sujets, qu'elle conserve des amis! L'Angleterre ne lui donnera pas un conseil aussi salutaire, elle a encore intérêt à lui voir sacrifier les restes de sa population et de ses ressources, pendant qu'elle lui ravit, sans frais et sans péril, tous ses bénéfices à Cuba et dans toutes ses possessions de l'Amérique, au mépris de ses prohibitions qui ne sont plus appuyées que par son orgueil romanesque et impuissant.

Enfin, la France et l'Espagne ne pouvant plus lutter contre l'Angleterre, et l'exclure du commerce de leurs Colonies, n'ont plus d'intérêt à completter leur ruine pour l'entretien de forts, de garnisons et d'administration, et à envoyer leurs soldats y périr périodiquement dans l'intérêt de quelques marchands et de l'Angleterre.

Puisse cette révolution changer au moins la direction du commerce de la Grande-Bretagne, et quand le continent et toutes les îles de l'Amérique lui sont ouvertes, qu'elle n'aille plus porter l'or du Potose et le numéraire, dont elle épuise l'Europe, dans l'Indoustan. Un commerce d'échange convient mieux pour ses nombreuses manufactures, et peut seul faire fleurir le commerce des productions territoriales de l'Europe, qu'elle a rendu tributaire de sa puissance.

Il est humiliant de renoncer aux Colonies! mais cette renonciation est démontrée nécessaire; elle est même opérée de fait, et la dépense que vous voulez continuer quand elles ne sont plus à vous, n'est plus qu'une vaine et trop chère ostentation. Que dis-je! c'est pour l'Angleterre que vous veillez aujourd'hui à la sûreté intérieure de vos Colonies, à l'entretien des établissemens, et de l'administration, puisqu'il est évident que vous ne pouvez pas l'exclure, et que si vous le tentiez, elle vous en chasserait en s'emparant de ces forts et de ces garnisons incapables d'opposer la plus faible résistance, que l'on saurait d'avance bien inutile.

Abjurez donc franchement la manie d'un riche malaisé; il pouvait encore se soutenir en quittant son train, en ménageant et utilisant les débris de sa fortune; mais une fausse honte l'arrête, il continue ses dépenses pour masquer sa gône, il succombe enfin en entraînant dans sa chûte et dans sa misère, ses créanciers et sa famille trop tard désabusés. Faisons donc une réforme nécessaire, quittons un train trop couteux, un faste inutile, occupons-nous sérieusement d'économie, tout le monde en propose de possible, personne n'en veut faire. Puissance territoriale, active et industrieuse, nous sommes encore riches, si nous abjurons le luxe des grands armemens en tous genres. On a besoin de nos grains, de nos vins, et du produit de nos manufactures; que nos regards et notre attention se portent vers ces grands moyens de fortune qui ne sont point illusoires; que notre activité et toute notre ambition se bornent à tirer tout le parti possible de cette mine inépuisable; écoutons enfin la voix de la raison; dégagés de préjugés et des abstractions enfantées par l'ambition dont nous succombons les victimes, et faisons en faveur de notre agriculture et de notre industrie, le sacrifice des sommes énormes employées en pure perte à l'entretien de Colonies ruineuses et d'une marine militaire, aujourd'hui au moins inutile; nous verrons bientôt, après une heureuse expérience, jaillir avec éclat la vérité de cette sentence de M. de Turgot : « Sage et heureuse sera la nation qui la première sera convaincue que toute la politique » en fait de commerce, consiste à employer » toutes ses terres de la manière la plus avantageuse pour les propriétaires des terres; tous » ses bras de la manière la plus utile à l'individu qui travaille, c'est-à-dire de la manière » dont chacun, guidé par son intérêt, les emploiera; que tout le reste n'est qu'illusion et » vanité. »

DE L'IMPRIMERIE DE J.-M. EBERHART,
rue du Foin Saint-Jacques, N° 12.

www.ingramcontent.com/pod-product-compliance
Lightning Source LLC
LaVergne TN
LVHW010256230826
846091LV00007B/3006